Paga sur la banquise

Robert Soulières
D'après une idée de Lucie Paradis

Illustrations : Anne-Marie Charest

Menacés, les habitants de la banquise
ont dû trouver une solution pour
continuer de vivre sur leur territoire.
Lis l'histoire de Pagaille pour connaître
leur solution.

ÉDITIONS DU RENOUVEAU PÉDAGOGIQUE INC.

5757, RUE CYPIHOT, SAINT-LAURENT (QUÉBEC) H4S 1R3
TÉLÉPHONE : (514) 334-2690   TÉLÉCOPIEUR : (514) 334-4720
erpidlm@erpi.com   www.erpi.com

Catalogage avant publication
de Bibliothèque et Archives nationales du Québec
et Bibliothèque et Archives Canada

Soulières, Robert
     Pagaille sur la banquise
     (Pastille. Série verte ; n° 3)
     Pour enfants de 7 et 8 ans.

     ISBN 978-2-7613-2366-6

     I. Charest, Anne-Marie. II. Titre. III. Collection.

PS8587.O927P33 2007   jC843'.54   C2007-940516-9
PS9587.O927P33 2007

Éditrice : Monique Daigle
Directrice artistique : Hélène Cousineau
Conception graphique
et édition électronique : natalicommunication design

Dépôt légal — Bibliothèque et Archives nationales du Québec, 2007
Dépôt légal — Bibliothèque et Archives Canada, 2007

Imprimé au Canada   1234567890 EMP 0987
ISBN 978-2-7613-2366-6   11006   PSM16

Table des matières

Pagaille sur la banquise

Ce n'est pas drôle du tout !

Dans le Grand Nord, sur une banquise,
vit un vieux phoque nommé Pagaille.
Pagaille porte bien son nom :
il est bourru et toujours de mauvaise humeur.
Son appétit est gigantesque :
cette semaine, il a avalé au moins 324 poissons !

Les autres phoques de la banquise
n'ont plus rien à manger.
Ils n'ont pas le choix : ils doivent aller vivre ailleurs,
là où il y a du poisson.
Vraiment, Pagaille est très gourmand.
Ce n'est pas drôle du tout !

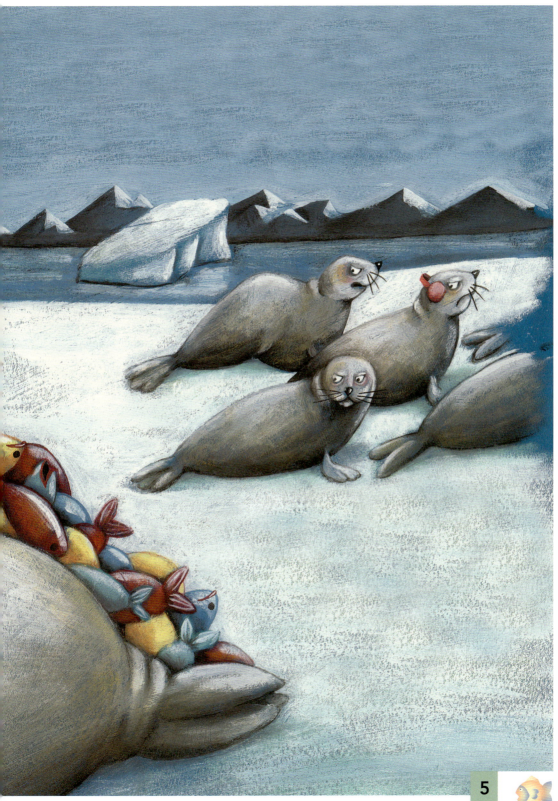

Un beau matin, les renards arctiques
s'aperçoivent que 247 phoques
ont envahi la pointe de la banquise
où ils habitent.
«Oink! Oink!» «Oink! Oink!»
Le vacarme est insupportable.
Les 172 renards n'ont pas le choix:
ils doivent partir.

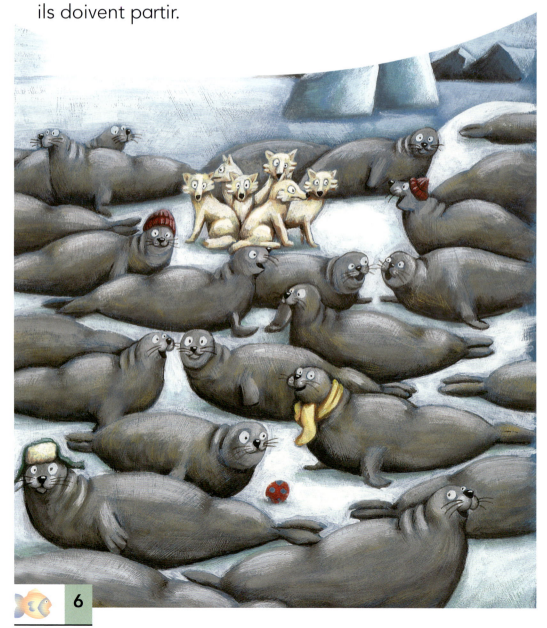

Sans le savoir, les renards vont s'établir
là où vivent les loups.
Les loups voudraient bien chasser les
renards, mais ils hésitent.
Une lutte de 49 loups contre 172 renards,
ce n'est pas ce qu'on peut appeler
un combat d'égal à égal !

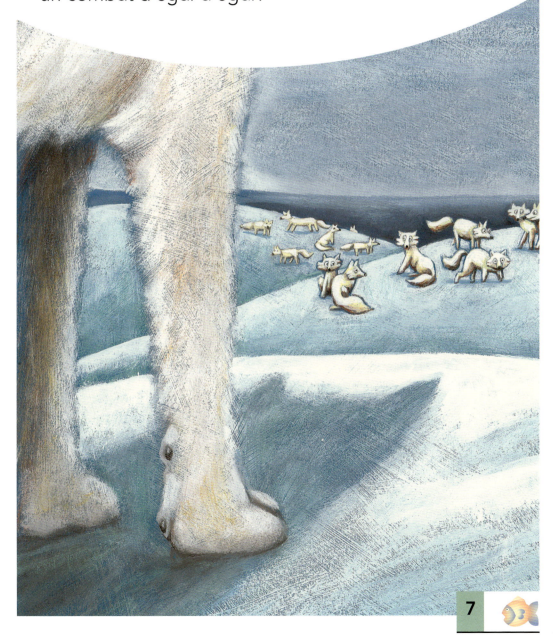

Les loups s'en vont

Les loups finissent par trouver
un nouveau territoire.
Mais ce territoire est beaucoup
trop près du village.
Les loups ne se sentent pas en sécurité.

Pendant ce temps, Pagaille continue d'avaler
des centaines de poissons.

Il faut faire quelque chose

Par un soir de pleine lune, les phoques,
les renards et les loups décident de se réunir.

— Ça ne peut plus continuer comme ça,
déclare Polka le phoque.
Pagaille mange trop de poissons
et oblige tout le monde à déménager.

— Tu as raison, il faut faire quelque chose.
Mais quoi ? demande Lova la louve.

— J'ai une idée, dit Polka.
Allons voir Manue, l'ancienne.
C'est une ourse d'une grande sagesse.
Elle va nous aider, c'est certain.

— Je t'accompagne, dit Lova.

— Moi aussi, ajoute Hugord,
le renard.

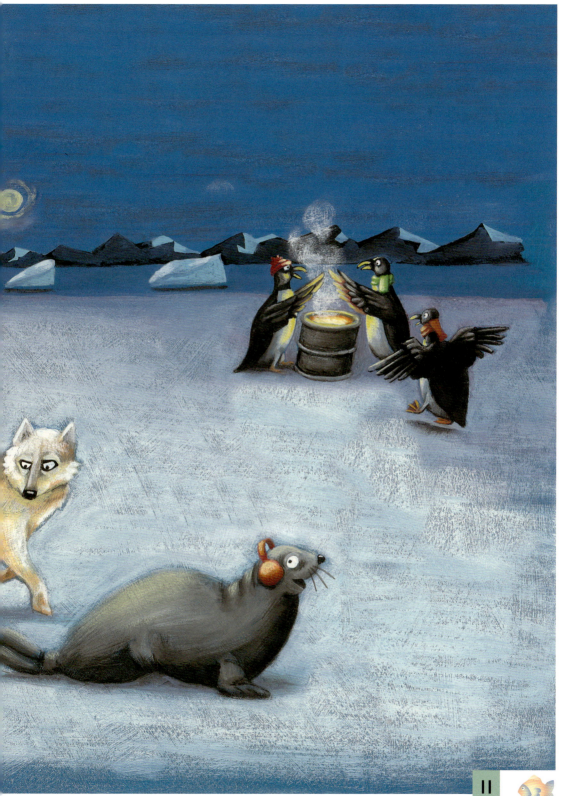

La solution !

— Il faut s'entraider, dit Manue.
Coopérer, c'est la seule façon de survivre.
Je ne vois qu'une solution : il faut partager
la banquise et les ressources.
Chacun de nous aura son territoire.

— Et devra respecter le territoire
des autres, ajoute Lova.

Tous hochent la tête en signe d'accord.

— Comment faire comprendre cela à Pagaille ? Il garde toujours tout pour lui, dit Hugord.

— Cette fois, il devra nous écouter, dit Polka.

Polka, Lova et Hugord
vont rencontrer Pagaille.

— C'est simple, dit Polka :
un territoire pour les phoques,
un pour les renards,
un pour les loups et les ours
et un pour toi.

Pagaille grogne.
Il n'a pas l'air content.

— Est-ce que je vais avoir assez de poissons ?
s'inquiète Pagaille.

— Oh ! sûrement. À propos, tu devrais te mettre
au régime. Tu es un peu gros, à mon avis,
répond Polka.

— Gros ! s'exclame Pagaille en regardant
son énorme bedaine.
Tu es sûr ?

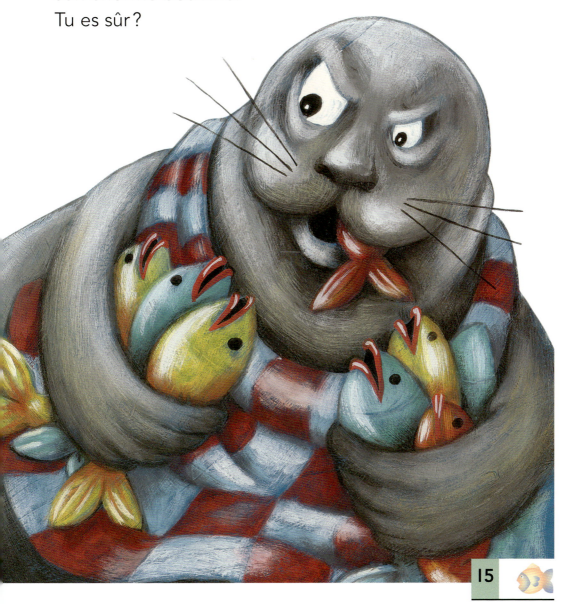

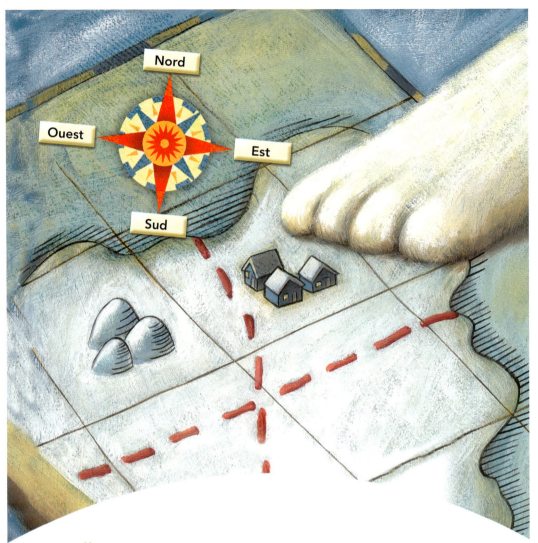

Pagaille accepte

Pagaille accepte finalement la proposition.
Manue trace le plan de la banquise
et la partage en 4 territoires.
Ainsi, les besoins de chaque espèce
seront respectés.
Tout le monde est satisfait de la solution.

Un beau matin, on entend
un grand craquement.
Comme un coup de tonnerre.
Une partie de la banquise se détache.
Quelques minutes plus tard,
on peut voir Pagaille tout seul,
sur un morceau de glace.
Il dérive sur l'océan.

Polka, Lova et Hugord
lui envoient la patte en riant.

— Bon voyage, Pagaille !

— Tu devras prendre un bain froid
pour venir nous rejoindre !

— Et faire un peu d'exercice !

Et tous trois éclatent de rire.
Pauvre Pagaille, il l'a bien mérité.

Français   JE COMPRENDS L'HISTOIRE

1. Explique pourquoi Pagaille porte bien son nom.

2. Nomme les animaux qui vivent sur la banquise.

3. Dis dans tes mots la solution proposée par l'ourse Manue.

Mathématique   JE COMPTE SUR TOI

1. Combien de poissons Pagaille mange-t-il chaque semaine?

2. La semaine dernière, Pagaille a avalé 85 saumons et 239 truites.
   • Trouve combien de poissons au total Pagaille a avalés la semaine dernière.

3. La banquise est partagée en territoires pour respecter les besoins de chaque espèce.
   • Combien de territoires sont créés sur la banquise?

Message secret

Voici un message secret. Chaque voyelle correspond à un chiffre.

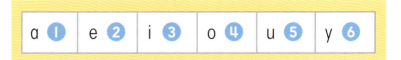

a ① e ② i ③ o ④ u ⑤ y ⑥

● Pour découvrir le message, écris la lettre qui correspond à chaque chiffre.

Écris sur une feuille ou dans un cahier.

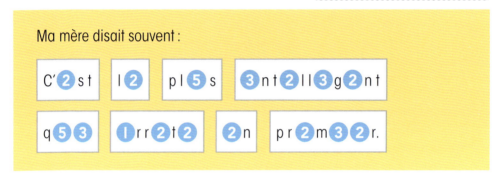

Ma mère disait souvent :

C'②s t | ② p l ⑤ s ③ n t ② l l ③ g ② n t

q ⑤③ ①r r ②t ② ②n p r ②m ③②r.

Réponses

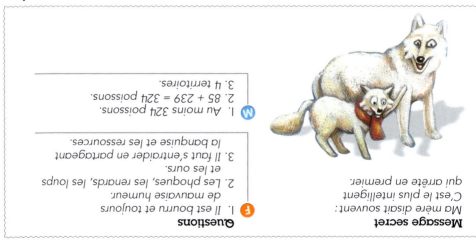

Message secret
Ma mère disait souvent :
C'est le plus intelligent qui arrête en premier.

Questions
F 1. Il est bourru et toujours de mauvaise humeur.
2. Les phoques, les renards, les loups et les ours.
3. Il faut s'entraider en partageant la banquise et les ressources.

M 1. Au moins 324 poissons.
2. 85 + 239 = 324 poissons.
3. 4 territoires.